Dalai Lama
Oceano de Sabedoria
Orientações para a Vida

Dalai Lama
OCEANO DE SABEDORIA
ORIENTAÇÕES PARA A VIDA

Prefácio de
Richard Gere

Fotografias de
Marcia Keegan

editora gaia

© 2012, Tenzin Gyatso, The Fourteenth Dalai Lama
Fotos © 1989 Marcia Keegan
1ª Edição, Editora Gaia, São Paulo 2014

Jefferson L. Alves – diretor editorial
Richard A. Alves – diretor de marketing
Flávio Samuel – gerente de produção
Danielle Sales – coordenadora editorial
Thaís Fernandes – assistente editorial
Ana Cristina Teixeira e Deborah Stafussi – revisão
Darko Sikman/Shutterstock – foto de capa
Eduardo Okuno – capa

Obra atualizada conforme o
NOVO ACORDO ORTOGRÁFICO DA LÍNGUA PORTUGUESA

CIP-BRASIL. CATALOGAÇÃO NA FONTE
SINDICATO NACIONAL DOS EDITORES DE LIVROS, RJ

D138o
   Dalai Lama
     Oceano de sabedoria: orientações para a vida / Dalai Lama ; Prefácio de Richard Gere. - 1. ed. - São Paulo : Gaia, 2014.

   ISBN 978-85-7555-434-0

   1. Dalai Lama, 1935-. 2. Budismo - Doutrinas. I. Gere, Richard. II. Título.

14-12550   CDD: 294.342
                                     CDU: 24-72-1

Direitos Reservados

global editora e distribuidora ltda.
Rua Pirapitingui, 111 – Liberdade
CEP 01508-020 – São Paulo – SP
Tel.: (11) 3277-7999 – Fax: (11) 3277-8141
e-mail: global@globaleditora.com.br
www.globaleditora.com.br

Colabore com a produção científica e cultural.
Proibida a reprodução total ou parcial desta obra sem a autorização do editor.

Nº de Catálogo: **3445**

Dalai Lama
Oceano de Sabedoria
Orientações para a Vida

PREFÁCIO

de Richard Gere

Este livro contém as palavras de um grande amigo espiritual, totalmente digno, o 14º Dalai Lama, líder espiritual e temporal do povo tibetano. Desde sua descoberta mágica, quando criancinha em Amdo, até sua ascensão ao trono espiritual e temporal em Lhasa e seus trinta anos de exílio, a partir da ocupação genocida chinesa do Tibete, sua vida tem sido uma vida de ação, responsabilidade e sacrifício pelo bem de todos os seres. Sua vasta experiência e seu amplo conhecimento do mundo são o que concede tanta relevância ao seu ensinamento universal de bondade, compaixão e altruísmo iluminado.

Meu envolvimento com os tibetanos teve início em 1978, quando, por acaso, encontrei um grupo de refugiados tibetanos nos Himalaias do Nepal. O sofrimento deles me comoveu e envergonhou imensamente. Todavia, fiquei emocionado com sua resiliência e leveza de espírito. Em 1982, conheci Sua Santidade o Dalai Lama. Anos de prática e estudo do zen pouco me prepararam para um encontro físico com este homem. Lembro-me vagamente de ter sorrido e balbuciado como um tolo. Recordo-me mais claramente da sensação sólida e ampla de proteção e totalidade que nos envolveu.

Tão franco e profundo quanto seus ensinamentos, Sua Santidade é pungentemente presente e real.

A mensagem ao longo de todo este livro é simples, todavia extremamente difícil, um ensinamento monumental profundamente transformador e liberador. Suas palavras são sementes de seu coração plantadas no nosso. Precisamos apenas nos abrir para recebê-las. Possam elas trazer a felicidade e as causas de felicidade futura.

INTRODUÇÃO

de Rinchen Dharlo

Sua Santidade o 14º Dalai Lama, Tenzin Gyatso, nasceu em 6 de julho de 1935, em uma família de camponeses da pequena aldeia de Taktser, província de Amdo, no nordeste do Tibete, e foi reconhecido aos 2 anos de idade como a reencarnação de seu predecessor, o 13º Dalai Lama. Os Dalai Lamas são as manifestações do Buda da Compaixão, que escolhe renascer para servir à humanidade. *Dalai Lama* significa Oceano de Sabedoria. Os tibetanos normalmente se referem à Sua Santidade como *Yeshe Norbu*, a Joia que Realiza Desejos, ou simplesmente *Kundun*, a Presença. Quando o 13º Dalai Lama morreu, em 1935, o governo tibetano não teve que simplesmente nomear um sucessor, mas descobrir a criança na qual o Buda da Compaixão reencarnaria; a criança não precisava ter nascido justo na morte do predecessor, nem mesmo logo depois. Como antes, haveria sinais sobre onde procurá-la. Por exemplo, quando o corpo do 13º Dalai Lama foi depositado em um santuário com o rosto voltado para o sul, sua cabeça virou-se para o leste duas vezes e, a leste do santuário, apareceu um grande fungo no lado leste de uma coluna de madeira bem curada. O regente do Tibete foi ao lago sagrado de Lhamoe Lhatso, onde os tibetanos têm visões do futuro. Ali ele viu, entre outras coisas, um mosteiro com telhados de jade verde e ouro e uma casa com telhas de turquesa. Uma descrição detalhada de toda a visão foi redigida e mantida sob rigoroso segredo.

Em 1937, lamas importantes e dignitários foram enviados para todo o Tibete à procura do lugar da visão. Os que rumaram para o leste foram liderados por Lama Kewtsang Rinpoche, do Mosteiro de Sera. Em Taktser encontraram o lugar e foram até a casa, com Kewtsang Rinpoche disfarçado de criado e um monge subalterno passando-se por líder. Rinpoche usava o rosário do 13º Dalai Lama, e o menininho, reconhecendo-o, exigiu que o dessem para ele. Prometeram dar, se a criança conseguisse adivinhar quem era aquele que o usava. Ele respondeu que era um *Sera aga* (no dialeto local, um monge de Sera). O menino também soube dizer quem era o verdadeiro líder e o criado. Após muitos outros testes, o novo Dalai Lama foi entronado, em 1940.

Em 1950, aos 16 anos de idade e com ainda mais nove anos de intensiva educação religiosa pela frente, Sua Santidade teve que assumir o pleno poder político quando a China invadiu o Tibete. Em março de 1959, durante a revolta nacional do povo tibetano contra a ocupação militar chinesa, ele foi para o exílio. Desde então vive no sopé dos Himalaias, em Dharamsala, Índia, sede do governo tibetano no exílio e uma democracia constitucional desde 1963. Dharamsala, adequadamente chamada de Pequena Lhasa, também possui instituições culturais e educacionais e serve de "capital no exílio" para 130 mil refugiados tibetanos, que vivem basicamente na Índia; outros estão no Nepal, na Suíça, no Reino Unido, nos Estados Unidos, no Canadá e em mais trinta países. Na década de 40, o Dalai Lama tentou abrir um diálogo com os chineses. Ele propôs um Plano de Paz de Cinco Pontos em 1987-1988, que também estabilizaria toda a região asiática e que atraiu muitos elogios de estadistas e organismos legislativos de todo o mundo, mas ainda é preciso que os chineses entrem nas negociações.

Enquanto isso, o 14º Dalai Lama, ao contrário de seus predecessores, que nunca estiveram no Ocidente, continua suas viagens mundiais, falando com eloquência em favor do entendimento ecumênico, da bondade e da compaixão, do respeito pelo meio ambiente e, acima de tudo, da paz mundial.

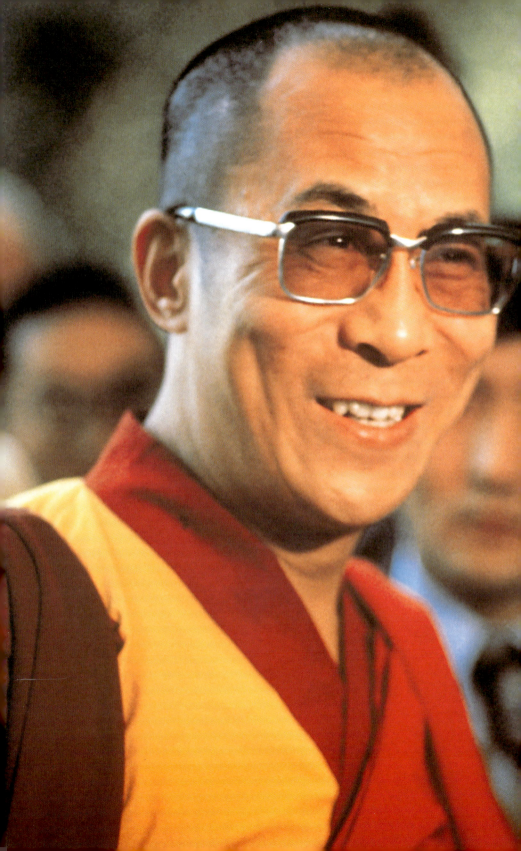

Minha mensagem é a prática da compaixão, do amor e da bondade.

Essas coisas são muito úteis em nossa vida cotidiana e também para a sociedade humana como um todo. Sua prática pode ser muito importante.

Onde quer que eu vá, sempre dou o conselho de que se seja altruísta e bondoso com os outros. E, do meu ponto de vista, estou concentrando minhas energias, meditação e tudo o mais no aumento da bondade. Isso é essencial, Buddhadharma essencial.

✸

A grande compaixão é a raiz de todas as formas de adoração.

✸

Quer se acredite em uma religião ou não, e quer se acredite em renascimento ou não, não há quem não aprecie a compaixão, a misericórdia.

✸

Desde o instante de nosso nascimento, estamos sob o cuidado e a bondade de nossos pais. Depois, mais adiante em nossa vida, quando somos oprimidos pela doença e envelhecemos, ficamos de novo dependentes da bondade de outros. E, visto que no começo e no fim de nossa vida somos tão dependentes da bondade alheia, como podemos no meio dela descuidar da bondade em relação aos outros?

✸

Se a pessoa assumir uma atitude humilde, suas boas qualidades vão aumentar. No entanto, se for orgulhosa, ficará com inveja dos outros, ficará zangada com os outros e desprezará os outros. Com isso, haverá infelicidade na sociedade.

✸

Um dos pontos básicos é a bondade. Com bondade, com amor e compaixão, com esse sentimento que é a essência da fraternidade, da irmandade, haverá paz interior. O sentimento compassivo é a base da paz interior.

✵

Com raiva, ódio, é muito difícil sentir paz interior. É nesse ponto que os diferentes credos religiosos têm a mesma ênfase. Em toda grande religião mundial, a ênfase está na fraternidade.

✵

Aqueles que são bondosos e úteis para nós são como nossos pais. Podemos estender esse amor nos considerando um membro da família humana em um mundo interdependente, onde precisamos dos outros para nosso bem-estar e conforto. Além disso, se tivermos um coração bondoso e amoroso, conquistaremos mais amigos e nos sentiremos melhor. Essa motivação pode ser egoísta. Mas, se formos egoístas com sabedoria, vamos então perceber a necessidade de amar os outros, próximos e distantes, até mesmo nossos inimigos. Essa é uma maneira de gerar amor.

✵

O inimigo é quem pode, verdadeiramente, nos ensinar a praticar as virtudes da compaixão e da tolerância.

As guerras surgem do fracasso em entender a natureza humana uns dos outros. Em vez de reuniões de cúpula, por que não reunir famílias para um piquenique e buscar conhecer cada pessoa presente enquanto os filhos brincam juntos?

✵

Nos velhos tempos, quando havia uma guerra, tratava-se de um confronto de humano contra humano. O vitorioso na batalha via diretamente o sangue e o sofrimento do inimigo derrotado. Hoje é muito mais aterrorizante, porque um homem em um gabinete pode apertar um botão e matar milhões de pessoas, e jamais ver a tragédia humana que ele criou. A mecanização da guerra, a mecanização do conflito humano, representa uma ameaça crescente à paz.

O Palácio Potala, em Lhasa, Tibete: a antiga residência do Dalai Lama.

Sua Santidade o Dalai Lama no estúdio do programa *Man Alive*, da CBC, em Toronto, Canadá.

✣

Sabemos que, se ocorrer uma guerra nuclear, não haverá vitoriosos porque não haverá sobreviventes. Não é assustador contemplar tamanha destruição desumana e cruel? E não é lógico que devemos remover a causa da nossa própria destruição, se sabemos disso e se temos tempo e meios de fazê-lo? Com frequência, o motivo pelo qual não conseguimos superar um problema é ignorarmos a sua causa ou sermos impotentes para removê-la. Não é esse o caso da ameaça nuclear.

✣

De longe, o maior perigo isolado a confrontar a humanidade – realmente, todos os seres vivos em nosso planeta – é a ameaça da destruição nuclear. Não preciso entrar em detalhes sobre esse perigo, mas gostaria de apelar a todos os líderes das potências nucleares, que literalmente seguram em suas mãos o futuro do mundo, aos cientistas e técnicos que continuam a criar essas espantosas armas de destruição, e a todas as pessoas, em geral, que estão em posição de influenciar seus líderes: apelo para que exerçam sua sanidade e comecem a trabalhar pelo desmantelamento e pela destruição de todas as armas nucleares.

✣

Os governos dos Estados Unidos e da Rússia reúnem-se e conversam com símbolos políticos. Passam o tempo estudando nuances políticas, o significado por trás do significado. Por que não conversar diretamente em termos simples?

✣

Sempre acreditei que a determinação e a honestidade humanas, no fim, vão prevalecer sobre a violência e a opressão. Mudanças importantes estão acontecendo hoje em todas as partes do mundo, que vão afetar profundamente nosso futuro e o futuro de toda humanidade no planeta que compartilhamos. Gestos corajosos de líderes mundiais facilitaram a resolução pacífica de conflitos. Esperanças relativas à paz, ao meio ambiente e a uma abordagem mais humana dos problemas mundiais parecem maiores que nunca.

Cristãos e budistas têm basicamente o mesmo ensinamento, a mesma meta. O mundo atual fica cada vez menor em razão das boas comunicações e de outros fatores. Com esse desenvolvimento, diferentes credos e diferentes culturas também ficam cada vez mais próximos. Isso é, penso eu, muito bom. Se entendemos o modo de vida, o pensamento, as diferentes filosofias e diferentes credos uns dos outros, podemos contribuir para o entendimento mútuo. Ao entendermos uns aos outros, desenvolveremos respeito uns pelos outros naturalmente. A partir daí, vamos desenvolver a harmonia verdadeira e a capacidade de fazer esforços conjuntos. Sempre sinto que esse desenvolvimento interior especial é algo muito importante para a humanidade.

Ninguém sabe o que vai acontecer em poucas décadas ou em poucos séculos, que efeito adverso o desmatamento, por exemplo, poderá ter sobre o clima, o solo, a chuva.

Estamos com problemas porque as pessoas estão concentradas em seus interesses egoístas, em ganhar dinheiro, e não estão pensando na comunidade como um todo. Não estão pensando na Terra e nos efeitos de longo prazo sobre os homens como um todo. Se nós, da geração atual, não pensarmos sobre isso agora, a futura geração pode não ter como lidar com a situação.

O Dalai Lama e Paul Grégoire, falecido em 1993, arcebispo de Montreal.

Estamos aqui reunidos sob o sol radiante, muitos de nós com diferentes idiomas, diferentes estilos de vestir, talvez até diferentes credos. Entretanto, somos todos iguais por sermos humanos, e temos todos o pensamento único de "eu", e somos todos iguais em desejar a felicidade e desejar evitar o sofrimento.

Mas, na raiz, existem dois tipos de prazer e sofrimento. Existem os prazeres físicos e mentais, e existem os sofrimentos físicos e mentais. Nosso progresso material visa a obtenção da felicidade que depende do corpo e a libertação do sofrimento que também depende do corpo. Entretanto, é muito difícil nos livrarmos de todo o sofrimento por meios externos, não é? Por isso existe uma grande diferença entre buscar a felicidade na dependência de coisas materiais e buscar a felicidade na dependência do próprio pensamento interior. Embora o sofrimento básico seja idêntico, existe uma grande diferença na forma como o experimentamos, dependendo de nossa atitude. A atitude mental, portanto, é muito importante no que se refere a como levamos nossa vida.

Uma boa mente, um bom coração, sentimentos calorosos – essas são as coisas mais importantes. Se você não possui uma boa mente, não consegue funcionar. Você não consegue ser feliz, e seus parentes, seu companheiro ou filhos, vizinhos e assim por diante tampouco serão felizes.

E, desse modo, de nação para nação e de continente para continente, a mente de todo mundo fica perturbada, as pessoas perdem a felicidade. Mas, por outro lado, se você tem uma boa atitude, uma boa mente, um bom coração, então o contrário é verdadeiro.

Portanto, amor, compaixão e bondade são o mais importante na sociedade humana. São realmente preciosos, são muito necessários em nossa vida. Assim, vale a pena fazer um esforço para desenvolver esse coração bom.

A permanência serena da mente, a estabilização meditativa e a sabedoria são as armas. A sabedoria é como a bala ou a munição, e a mente calma é como a arma para atirar.

Do mesmo modo que, quando lutamos com sofrimento externo, temos de passar pelo sofrimento e tudo o mais, quando experimentamos alguma contenda interna, de fato existe dor interna. Portanto, a religião é algo interno para se pensar a respeito.

Não é necessário mencionar a grande diferença entre a quantidade de satisfação que existe em apenas um indivíduo estar feliz e a quantidade de satisfação que existe em um número infinito de pessoas estarem felizes.

Se uma única pessoa não consegue aguentar o sofrimento, qual a necessidade de perguntar como todas as pessoas não conseguem aguentar o sofrimento? Assim, está errado quando alguém usa os outros para objetivos pessoais; em vez disso, deveria usar a si mesmo para o bem-estar dos outros. Desse modo, deve-se usar quaisquer capacidades de corpo, fala e mente para o benefício dos outros. Isso é o certo. É necessário, portanto, gerar uma mente altruísta e desejar que o bem-estar dos outros seja aumentado pela obtenção de felicidade e pela libertação do sofrimento.

É na dependência dos seres scientes que primeiro se gera a aspiração altruísta da iluminação mais elevada, é em relação aos seres sencientes que se praticam as ações do caminho a fim de se atingir a iluminação, e é pelo bem dos seres sencientes que se atinge o estado de Buda. Dessa forma, os seres sencientes são o objeto de observação, a base de todo esse desenvolvimento maravilhoso. Portanto, são mais importantes até mesmo que a Joia que Realiza Desejos, e se deve tratá-los com respeito e bondade.

Com o entendimento básico de que todos os seres humanos são irmãos e irmãs, podemos apreciar a utilidade dos diferentes sistemas e ideologias que conseguem acomodar diferentes indivíduos e grupos que possuem diferentes disposições, gostos diferentes. Para algumas pessoas sob algumas condições, uma determinada ideologia ou herança cultural é mais útil. Cada pessoa tem o direito de escolher o que considera ser mais adequado. Essa é a atividade do indivíduo com base no entendimento profundo de que todas as outras pessoas são irmãos e irmãs.

No fundo, devemos ter afeição real uns pelos outros, realização ou reconhecimento claro de nossa condição humana compartilhada. Ao mesmo tempo, devemos aceitar francamente todas as ideologias e sistemas como meios de resolver os problemas da humanidade. Um país, uma nação, uma ideologia, um sistema não é suficiente. É útil ter uma variedade de abordagens diferentes, com base em um profundo sentimento da igualdade básica da humanidade. Podemos, então, fazer um esforço conjunto para resolver os problemas de toda a humanidade. Os problemas que a sociedade humana está enfrentando em termos de desenvolvimento econômico, crise de energia, tensão entre nações pobres e ricas e problemas geopolíticos podem ser resolvidos se entendermos a humanidade fundamental uns dos outros, se respeitarmos os direitos uns dos outros, se compartilharmos os problemas e os sofrimentos uns dos outros e, então, fizermos um esforço conjunto.

Mesmo que não possamos resolver determinados problemas, não devemos nos lamentar. Nós, humanos, devemos enfrentar a morte, a velhice e a doença, bem como desastres naturais, como os furacões, que estão além de nosso controle. Devemos encará-los; não podemos evitá-los. Mas esses sofrimentos são mais que suficientes para nós – por que haveríamos de criar outros problemas em razão da nossa ideologia, uma simples forma de pensar diferente? Inútil! É triste. Milhares e milhares de pessoas sofrem por causa disso. Tal situação é verdadeiramente tola, visto que podemos evitá-la adotando uma atitude diferente, apreciando a humanidade básica, à qual as ideologias supostamente devem servir.

De acordo com a psicologia budista, a maioria de nossos problemas deve-se a nosso desejo apaixonado e apego por coisas que apreendemos erroneamente como entidades duradouras. A busca pelos objetos de nosso desejo e apego envolve o uso de agressão e competitividade como instrumentos supostamente eficazes. Esses processos mentais traduzem-se com facilidade em ações, criando beligerância como um efeito óbvio. Tais processos vêm acontecendo na mente humana desde tempos imemoriais, mas sua execução tornou-se mais efetiva sob as condições modernas. O que podemos fazer para controlar e regular esses "venenos" – delusão, ganância e agressão? Pois esses venenos estão por trás de quase todos os problemas do mundo.

Raiva, orgulho e sentimentos do tipo servem de obstáculo ao desenvolvimento da atitude altruísta. Prejudicam. Ferem. Portanto, quando são gerados não se deve deixar que prossigam, mas, contando com os antídotos, deve-se fazer com que cessem.

Raiva, orgulho, competitividade e outros sentimentos semelhantes são nossos inimigos reais. Assim, visto que não existe ninguém que não tenha ficado com raiva alguma vez, podemos, com base em nossa própria experiência, entender que ninguém consegue ser feliz com uma atitude de raiva.

Que médico prescreve a raiva como tratamento para qualquer doença? Que médico diz que ficando com raiva alguém pode ficar mais feliz?

Raiva, ódio, ciúme – não é possível encontrar paz com eles. Por meio da compaixão, por meio do amor, podemos resolver muitos problemas, podemos ter felicidade verdadeira, desarmamento verdadeiro.

Uma das coisas mais importantes é a compaixão. Não podemos comprá-la em uma das grandes lojas de Nova York. Não podemos produzi-la com uma máquina. Mas, pelo desenvolvimento interior, sim. Sem paz interior é impossível ter paz mundial.

Agora vou dizer algo a respeito de como desenvolver essa compaixão.

Antes de mais nada, é importante entender que, entre você e os outros, os outros são muito mais importantes porque são muito mais numerosos.

Se você não usa a imaginação apenas para inventar alguma coisa, às vezes a imaginação pode ser usada de forma muito eficiente para se entender uma questão. Assim, por favor, imagine em sua mente que, de um lado, há um grupo composto por todos os seres, um número infinito de seres, e, do outro lado, outra facção, quer dizer, você sozinho, seu eu egoísta.

A seguir pense como uma terceira pessoa. Então, se pensar de maneira apropriada, você irá para o lado do homem sozinho, egoísta, ou para o lado dos incontáveis seres? Naturalmente você se sentirá muito mais próximo dos incontáveis outros, por causa do número de seres.

Mas ambos os lados são de seres humanos iguais. Ambos têm o desejo de felicidade. A única diferença está no número. Assim, se o número infinito é muito mais importante, você naturalmente se juntará a esse grupo.

Dessa forma, você pode ver que os outros são muito mais importantes do que você, e que todas as suas capacidades poderiam ser usadas para o benefício dos outros.

O amor é uma condição humana ativa. Quando surgem determinados problemas, você sente ódio e pode sentir raiva. Para praticar a tolerância, você primeiro tem que controlar a raiva. Algumas pessoas podem pensar que é melhor expressar a raiva do que controlá-la. Mas nossas concepções são de duas classes, uma das quais é melhor controlar. Uma classe de concepções consiste de pensamentos que levam à depressão, e por aí vai. Quanto a estes, é definitivamente útil se você consegue expressá-los. Entretanto, existe uma classe inteiramente diferente de concepções, como o ódio e o amor, que, uma vez manifestada, não se esgota, apenas aumenta. Em nossa própria experiência, podemos entender que, quando desejo, ódio e outros são gerados, podemos observá-los e imaginar técnicas pelas quais podem ser abrandados. Por minha pequena experiência, posso mostrar a vocês. Se conseguimos controlar um pouco de nossa raiva, podemos mudar a nós próprios, e, no entanto, se conseguimos pensar sobre a importância do bem-estar das outras pessoas e praticar nesse sentido, é possível então alcançar essas boas atitudes.

Veja, essa prática é, em última análise, um benefício para você. Se você é verdadeiramente egoísta, sabiamente egoísta, essa prática lhe proporciona calma verdadeira, e com calma e paz interiores você consegue lidar facilmente com todos esses problemas.

Em nossa vida humana, a tolerância é muito importante. Se você tem tolerância, consegue superar dificuldades com facilidade. Se você tem pouca ou nenhuma tolerância, a coisa mais insignificante o irrita imediatamente. Em minha própria experiência, tive muitas questões, muitas sensações, e uma dessas sensações é a de que a tolerância é algo a se praticar mundialmente em nossa sociedade.

Então, quem lhe ensina a tolerância? Talvez seus filhos às vezes lhe ensinem a paciência, mas seu inimigo sempre vai lhe ensinar a tolerância. Assim, seu inimigo é realmente seu mestre. Se você tiver respeito por seu inimigo em vez de raiva, sua compaixão vai se desenvolver. Esse tipo de compaixão é a compaixão real, baseada em crenças sólidas.

Em geral você é bondoso com membros da família. Essa bondade é inspirada pela afeição, pelo desejo. Por causa disso, quando o objeto de sua compaixão muda de aspecto, torna-se um pouco rude, seu sentimento também muda. Esse tipo de compaixão ou amor não está certo. Portanto, de início é necessário treinar as boas atitudes.

De todos os pontos de vista, somos todos iguais ao desejar felicidade e não querer sofrimento. Contudo, você é apenas um, mas os outros são infinitos em número. Logo, os outros são mais importantes do que você.

Quando se diz que se deve ter paciência e suportar os problemas, não significa que se deva ser derrotado, subjugado. O propósito de se empenhar na prática da paciência é ficar com a mente mais forte, o coração mais forte. E também permanecer calmo. Em uma atmosfera de calma, você pode usar seres humanos reais para aprender a sabedoria. Se você perde a paciência, se seu cérebro naufraga nas emoções, você perde o poder de analisar. Mas, se você é paciente, tendo como base o altruísmo, você não perde sua força mental; pode até aumentar sua força mental e, então, usar seus poderes de análise para calcular maneiras de superar a força negativa que está lhe desafiando. Mas isso é outra questão.

Comodidade material, bens materiais são muito necessários para a sociedade humana, para um país, uma nação. São absolutamente necessários. Ao mesmo tempo, progresso material e prosperidade em si não podem produzir paz interior, pois a paz interior deve vir de dentro de nós. Portanto, muita coisa depende de sua própria atitude em relação à vida, em relação aos outros, em especial em relação aos problemas. Quando duas pessoas encaram o mesmo tipo de problema, é muito mais fácil para uma delas encarar o problema por causa das diferentes atitudes mentais. Assim, você vê que é o ponto de vista interno que faz a diferença.

Se usarmos nossa consciência mais sutil, haverá muito mais coisas em que poderemos usar a mente. Pois, qualidades que começam na mente podem ser aumentadas de forma ilimitada.

✪

Quando alguém é bondoso visando obter alguma coisa em troca, conseguir uma boa reputação ou fazer as outras pessoas gostarem dele, se o motivo é o eu, isso não será uma verdadeira ação de Bodhisattva. Portanto, a unidirecionalidade aponta para a doação apenas com o objetivo de ajudar os outros.

Compaixão e amor são coisas preciosas na vida. Não são complicadas. São simples, mas difíceis de praticar.

A compaixão pode ser posta em prática quando se reconhece o fato de que cada ser humano é um membro da humanidade e da família humana, a despeito das diferenças de religião, cultura, cor e crença. No fundo não existe diferença.

Uma vez que todos pertencem a este mundo, devemos tentar adotar uma boa atitude mundial, um bom sentimento por nossos irmãos e irmãs. No meu caso específico, nós, tibetanos, estamos dando continuidade à luta por nossos direitos. Alguns dizem que a situação tibetana é apenas política, mas acho que não. Nós, tibetanos, possuímos uma herança cultural única e distinta, assim como os chineses. Não odiamos os chineses; respeitamos profundamente a riqueza da cultura chinesa, que se estende por muitos séculos. Embora tenhamos profundo respeito e não sejamos antichineses, nós, seis milhões de tibetanos, temos igual direito de manter nossa cultura distinta, contanto que não façamos mal aos outros. Somos materialmente atrasados, mas em questões espirituais – em termos de desenvolvimento da mente – somos deveras ricos. Nós, tibetanos, somos budistas, e o budismo que praticamos é uma forma de budismo bastante completa. Além disso, nós o mantemos ativo, vivo.

No século XIX, permanecemos uma nação pacífica, com nossa cultura singular. Agora, infelizmente, nas últimas décadas essa nação e essa cultura estão sendo destruídas de forma deliberada. Nós gostamos de nossa cultura, de nossa terra; temos o direito de preservá-la.

Estou servindo à nossa causa com a motivação de servir à humanidade, não por causa de poder, não por causa de ódio. Não só como tibetano, mas como ser humano, penso que vale a pena preservar essa cultura, essa nação, para que contribuam com a sociedade mundial. Por isso persisto em nosso movimento, e, embora algumas pessoas o vejam como uma questão puramente política, ele não é.

Temos muita esperança de que a atitude geral da República Popular da China esteja mudando, mas somos cautelosos em razão da nossa experiência passada. Não digo isso com o desejo de criticar; é apenas um fato. Com investigação se pode determinar se é fato ou não; o tempo dirá.

Nós, seres humanos, temos um cérebro desenvolvido e um potencial ilimitado. Visto que até mesmo animais selvagens podem ser gradualmente treinados, com paciência a mente humana também pode ser gradualmente treinada, passo a passo. Se você testar essas práticas com paciência, pode chegar a esse conhecimento por experiência própria. Se alguém que fica facilmente zangado tenta controlar a raiva, com o tempo ela pode ser controlada. O mesmo é válido para uma pessoa muito egoísta: primeiro a pessoa deve perceber as falhas de uma motivação egoísta e o benefício de ser menos egoísta. Tendo percebido isso, treina, tentando controlar o lado ruim e desenvolver o bom. Com o passar do tempo, tal prática pode ser muito efetiva. Essa é a única alternativa.

Sem amor, a sociedade humana fica em uma situação muito difícil; sem amor, no futuro vamos encarar problemas tremendos. O amor é o centro da vida humana.

✪

Eu afirmo que todas as grandes religiões do mundo – budismo, cristianismo, confucionismo, hinduísmo, islamismo, jainismo, judaísmo, sikhismo, taoísmo, zoroastrismo – têm ideais semelhantes de amor, a mesma meta de beneficiar a humanidade por meio da prática espiritual, e o mesmo efeito de transformar seus seguidores em seres humanos melhores. Todas as religiões ensinam preceitos morais para aperfeiçoamento das funções de mente, corpo e fala. Todas nos ensinam a não mentir nem roubar, a não matar, e assim por diante. A meta comum de todos os preceitos morais estabelecidos pelos grandes mestres da humanidade é o altruísmo. Os grandes mestres queriam conduzir seus seguidores para longe dos caminhos das ações negativas causadas pela ignorância e introduzi-los nos caminhos da bondade.

✪

Estamos indo para o espaço sideral com base nos avanços da tecnologia moderna. Entretanto, restam muitas coisas para se examinar e pensar a respeito da natureza da mente: qual é o cerne substancial da mente, qual é a condição corroborativa da mente, e assim por diante. Existem muitos conselhos, muitos preceitos a respeito, mas o significado de todos é amor e compaixão. Dentro da doutrina budista, existem muitas técnicas poderosas capazes de desenvolver a mente com relação à compaixão e ao amor.

✪

Dizem que alguém que age como um inimigo em relação a você é seu melhor mestre. Pois, dependendo dos mestres, você pode aprender sobre a importância de ser paciente, mas não tem uma oportunidade de ser realmente paciente. Entretanto, a verdadeira prática de implementar a paciência acontece ao se deparar com um inimigo.

✪

Se entendemos a unicidade da humanidade, percebemos então que as diferenças são secundárias. Com uma atitude de respeito e preocupação pelas outras pessoas, podemos experimentar uma atmosfera de felicidade. Desse modo, podemos criar harmonia verdadeira, fraternidade verdadeira. Por sua própria experiência, tente ser paciente. Você pode mudar sua atitude. Se praticar continuamente, você consegue mudar. A mente humana possui esse potencial – aprenda a treiná-la.

✲

Se você tem amor e compaixão por todos os seres sencientes, em especial por seu inimigo, isso é amor e compaixão de verdade. O tipo de amor ou compaixão que você tem por seus amigos, esposa e filhos em essência não é bondade verdadeira. É apego. Esse tipo de amor não consegue ser infinito.

✲

Acredito que, graças à arte e à cultura tibetanas, muitos visitantes estrangeiros vêm aos assentamentos tibetanos na Índia e no Nepal conhecer os tibetanos. No início, não notávamos certas coisas, determinado pensamento, mas esses estrangeiros, após a visita, diziam: "Por que vocês, tibetanos, têm uma espécie de vida honesta, feliz, boa, apesar do sofrimento? Qual é o segredo?".

Não existe segredo. Mas pensei comigo: nossa cultura é baseada na compaixão. Estamos acostumados a dizer o tempo todo, sempre: "Todos os seres sencientes são nossos pais e mães". Mesmo alguém que pareça um assassino ou um ladrão, ainda é alguém que tem em mente: "Todos mães, todos seres sencientes". Assim, eu sempre pratico esse pensamento e creio que seja essa a verdadeira causa da felicidade.

✲

A respeito do veículo do Bodhisattva, não existe prática que não esteja incluída dentro da motivação básica de buscar conscientemente a mais elevada iluminação do Buda para o bem de todos os seres vivos, sendo que esta é induzida pelo amor e pela compaixão, e atingida por meio da prática das Seis Perfeições.

Alguns de vocês podem sentir que perdem a independência se não deixam a mente vagar por onde ela deseja, se tentam controlá-la. Mas não é assim.

Se sua mente está procedendo de maneira correta, você já tem a opinião correta. Mas, se sua mente está procedendo de forma incorreta, então definitivamente é necessário exercer controle.

Se você perguntar "É possível livrar-se completamente das emoções aflitivas ou é necessário apenas suprimi-las quando ocorrem?", a resposta, do ponto de vista budista, é que a natureza convencional da mente é clara luz. E, do ponto de vista absoluto, também é clara luz. Assim, do ponto de vista convencional, as emoções aflitivas são apenas externas e podem ser totalmente removidas.

A treva interior, que chamamos de ignorância, é a raiz do sofrimento. Quanto mais luz interior houver, mais as trevas diminuirão. Esse é o único jeito de se alcançar a salvação ou o nirvana.

Hoje, o maior problema da sociedade humana são os direitos humanos. Por meio de tecnologia altamente avançada, podemos resolver qualquer problema humano material, como pobreza, doença etc., mas, ao mesmo tempo, por meio dessa mesma tecnologia, criamos mais medo e mais desejo. Por exemplo, hoje tememos uma explosão repentina de átomos no mundo. Esse tipo de coisa tornou-se realidade.

Agora, veja: se tivermos tais medos – da destruição potencial da bomba atômica –, sofreremos imensamente por causa deles, a menos que tenhamos paz interior. Além do sofrimento humano usual, temos mais medo, mais ameaça constante. Portanto, precisamos de mais ensinamentos sobre bondade e sentimentos de fraternidade.

Para vivermos juntos neste planeta, precisamos de bondade, precisamos de um ambiente bondoso em vez de um ambiente raivoso. Para resolver problemas, precisamos de um ambiente afetuoso.

Assim, embora haja vários fatores sociais/religiosos que possam variar, todas as religiões têm o objetivo de criar paz interior.

Precisamos reconhecer com clareza que o objetivo básico de todas as religiões é o mesmo. Uma vez que todas as religiões visam que domemos nossa mente e nos tornemos pessoas melhores, precisamos fazer de todas as práticas religiosas uma cura para nossa mente. Não é nada bom, e é extremamente lamentável, que as doutrinas e práticas que servem para domar a mente sejam usadas como motivo para preconceito. Portanto, é de extrema importância não sermos sectários. Como budistas, precisamos respeitar os cristãos, os judeus, os hindus, e assim por diante. Além disso, entre budistas não devemos fazer distinções e dizer que uns são do Theravada e outros são do Grande Veículo, e coisas assim; somos iguais ao termos o mesmo mestre. Se nos afastamos sob a influência do preconceito devido ao obscurecimento, estaremos perdidos. Portanto, precisamos reconhecer que as doutrinas religiosas visam que domemos a mente e devemos usá-las dessa forma.

Os princípios estabelecidos nas escrituras do Theravada giram em torno de sabedoria, altruísmo e prática da meditação, o que inclui o desenvolvimento de 37 harmonias com a iluminação. Essas verdades têm como base o bom esforço de não causar mal aos outros. Portanto, sua base é a compaixão.

Visando aumentar a sensação de cuidado para com os outros, primeiro é importante pensar sobre as falhas de cuidarmos de nós mesmos e as boas qualidades de cuidarmos dos outros. Se cuidarmos dos outros, tanto os outros quanto nós mesmos, profunda e superficialmente, ficaremos felizes. Seja em termos de família ou da família de nações do mundo inteiro, se assumirmos o cuidado dos outros como a base da política de nossa conduta, teremos condições de êxito em nosso esforço comum. A maioria dos efeitos benéficos ou bons que acontecem no mundo baseiam-se na atitude de cuidar dos outros.

O contrário também é verdadeiro. Quando cuidamos mais de nós mesmos do que dos outros, tanto superficial quanto profundamente produzimos vários tipos de sofrimento para nós e para aqueles ao nosso redor. Portanto, precisamos fazer um esforço na raiz dessa bondade, isto é, desse bom coração, desse coração caloroso.

Então temos que considerar – se queremos aumentar nossa boa atitude básica – que o tipo de proximidade que temos com o conjunto de nossos amigos é muito pequeno e não pode ser expandido infinitamente. O que temos que fazer, entretanto, é mudá-la, aumentá-la e expandi-la. Nós, nossos amigos e todos os seres vivos somos semelhantes em querer a felicidade e em não querer o sofrimento. Somos iguais nesse sentido. E tanto você quanto os outros têm o direito de se livrar do sofrimento e obter a felicidade. Com base nessas igualdades, você é apenas um, ao passo que os outros são infinitos em número.

As muitas escrituras budistas, apresentadas nos ensinamentos do Buda, estão reunidas em três conjuntos de textos. Como é que todos os ensinamentos do Buda estão reunidos em três conjuntos de escrituras? É que o Buda apresentou os três treinamentos. Os três treinamentos estão incluídos em três conjuntos de escrituras, porque cada um deles serve como meio de expressar basicamente um daqueles conjuntos, um daqueles treinamentos. Quais são os três treinamentos? Existe o treinamento em ética. Esse treinamento, conforme apresentado, inclui a forma de comportamento. Há então o treinamento em estabilização meditativa, que explica como meditar. O Dharma de fato é praticado pelo corpo, fala e mente, mas principalmente pela mente. É necessário domar a mente. É necessário ter uma mente forte, uma mente concentrada. Portanto, é preciso desenvolver a permanência serena. No esforço para atingir a sabedoria, o que não queremos é sofrimento, e, buscando nos livrar do sofrimento, precisamos da inteligência que consegue discriminar entre bom e mau, e assim por diante. Assim, precisamos de sabedoria.

As escrituras, que têm três objetos principais de ensinamento, são, respectivamente, o conjunto escritural sobre disciplina, o conjunto escritural dos discursos e o conjunto escritural do conhecimento. O treinamento em ética refere-se ao comportamento; o treinamento em estabilização meditativa refere-se à meditação e o treinamento em sabedoria refere-se à visão. Eis a tríade: visão, comportamento e meditação. As escrituras apresentam um método pelo qual visão, comportamento e meditação não caem em nenhum dos dois extremos.

As escrituras sobre disciplina apresentam formas de comportamento para leigos e para monges e monjas. A disciplina apresenta a proibição contra o extremo de se possuir roupas, alimentos, abrigo e tudo o mais excessivamente bons. E o Buda também proibiu o extremo da autotortura, no qual a pessoa se engaja em jejum excessivo ou veste roupas inapropriadas para sua saúde, de tal modo que causa sofrimento a si própria. Portanto, nosso comportamento adequado é alcançado no contexto adequado de não cair em nenhum desses dois extremos. Como disse Shantideva no *Guia para o modo de vida do Bodhisattva*: "O principal é considerar a situação; o que é necessário na situação".

Quando se coloca esses preceitos em prática, é preciso considerar aquilo que é para ser feito e o objetivo. Por exemplo, para um monge ou monja, não é permitido comer depois das 14 horas. Entretanto, há exceções: por exemplo, se a pessoa tem uma enfermidade que se agravará caso ela não se alimente. De modo semelhante, não é permitido mentir. Por exemplo, suponha que alguém fez o voto de falar a verdade, está na floresta e vê um animal fugir correndo em determinada direção. A seguir, chega o caçador e pergunta à pessoa para onde o animal foi. Existe a proibição de mentir, mas o objetivo aqui seria salvar a vida do animal. Portanto, nessa ocasião, a pessoa que fez o voto de não mentir poderia dizer: "Oh, eu realmente não vi", ou: "Vi alguma coisa nas árvores". Conforme ilustrado aqui, é preciso levar em conta o que é proibido e o benefício provável de fazer algo em contrário, e deve-se fazer o que for mais benéfico.

A respeito da meditação, por exemplo, se a mente fica sob a influência de fatores que não são compatíveis com a estabilização meditativa, como excitação ou lassidão, trata-se de um extremo. O propósito de superar as distrações da lassidão ou da excitação é deixar a mente de tal forma que se tenha condições de meditar sobre o modo real da existência dos fenômenos e assim ter condições de cultivar uma visão verdadeira. Mas, se, tendo se livrado da lassidão e da excitação, só se cultiva um estado não conceitual, isso é um extremo, e esse estado não conceitual levará apenas a outra vida de renascimento, na existência cíclica, em um tipo de reino superior.

Assim, grosso modo, essa é uma maneira de se evitar os dois extremos – por meio dos efeitos da meditação.

Quando se explica a visão, isso é feito em termos das duas verdades. Às vezes isso é expresso como aparência e vacuidade. Todos os sistemas, sejam budistas ou não budistas, apresentam sua visão em termos de se evitar os dois extremos da permanência e do niilismo: os santyas, os vedantas, ou, dentro do budismo, os vaibashikas, os sautrantikas, os chittamatrins e os madhyamikas.

Dentro dos sistemas budistas, por exemplo, com base em seu ponto de vista específico, cada um deles, por si, estabeleceu uma visão que evita os dois extremos. Entretanto, quando essas visões são analisadas com raciocínio sutil, as escolas superiores verificam que as escolas inferiores caíram nos extremos da permanência ou do niilismo. Assim, como é que as escolas superiores podem refutar as inferiores, dado que ambas se baseiam em ensinamentos budistas?

No sistema budista, o Buda estabeleceu as quatro confianças: não confiar na pessoa, confiar na doutrina. Não se pode dizer que uma doutrina deva ser valorizada apenas porque uma pessoa que a ensina seja maravilhosa. A questão é, nesse caso, se o fato de a pessoa ser ou não ser confiável é comprovado pela confiabilidade ou falta de confiabilidade da doutrina que ensina.

Assim, a respeito da doutrina, não se deve confiar no som agradável das palavras e coisas do tipo, mas olhar a profundidade de tais palavras. A respeito dos ensinamentos, não se deve confiar no significado a ser interpretado, mas, sim, no significado definitivo. E, a respeito do significado, não se deve confiar na consciência deludida ou afetada pela percepção dualista, mas, sim, em uma consciência de sabedoria elevada, que é livre das aparências dualistas.

Portanto, o mestre, o próprio Buda, disse: "Ó monges e monjas, vocês não devem aceitar meu ensinamento apenas por respeito a mim, mas devem analisá-lo da maneira que um ourives analisa o ouro, esfregando, cortando e derretendo". Dessa forma, embora o próprio Buda tenha estabelecido várias maneiras de distinguir suas próprias escrituras, a respeito de serem definitivas ou interpretáveis, é pelo raciocínio que devemos determinar quais são definitivas e quais são interpretáveis.

É por isso que o sistema no todo, com raciocínio cada vez mais sutil, mostra que dois sistemas inferiores caem nos dois extremos. Como é que se evitam os dois extremos no sistema Madhyamika? Evita-se o extremo da permanência mantendo-se a visão de que os fenômenos não existem por si. E é pelo conhecimento de como apresentar todas as ações, objetos da existência cíclica e nirvana – como apresentar de forma válida todos os fenômenos dentro do contexto de sua inexistência inerente, mas convencional –, que se evita o extremo da inexistência ou niilismo.

É a mente que, na verdade, vê o modo real de subsistência dos fenômenos. É a mente que age como antídoto para os tipos de consciência sem objetivo que concebem erroneamente a natureza dos fenômenos. E é pela remoção da ignorância que se pode remover o desejo, o ódio e tudo o mais que é induzido por ela. Quando se consegue parar com isso, consegue-se parar a acumulação de ações contaminadas, ou carma. Ao se parar com isso, o nascimento cessa. Ao cessar o nascimento, cessa o sofrimento. Esse treinamento em sabedoria só pode ser efetuado pela mente; então, é necessário tornar a mente utilizável. Portanto, vejo como necessário engajar-se no treinamento da meditação estabilizadora antes do treinamento em sabedoria.

Sinto que a essência de toda a vida espiritual é nossa emoção, nossa atitude em relação aos outros. Uma vez que se tenha motivação pura e sincera, todo o resto acontece. Você pode desenvolver a atitude certa em relação aos outros com base na bondade, no amor, no respeito e na clara realização da unicidade de todos os seres humanos. Isso é importante porque os outros se beneficiam dessa motivação tanto quanto de qualquer coisa que façamos. Então, com um coração puro, você consegue executar qualquer trabalho – agricultura, engenharia mecânica, medicina, advocacia, magistério –, e sua profissão torna-se um verdadeiro instrumento para ajudar a comunidade humana.

✪

Acredito na justiça e na determinação humana. Já foi comprovado na história do homem que os seres humanos são mais poderosos que as armas. Também no caso tibetano, a nação tibetana tem mais de dois mil anos de experiência em lidar com a China, a Índia e o Nepal, com a Mongólia e outras comunidades humanas.

Assim, embora este seja o período mais duro para nós, acredito firmemente que o povo tibetano, a cultura e a fé tibetana vão sobreviver, vão florescer outra vez. Sempre acreditei nisso.

✪

Os budistas acreditam em renascimentos sem princípio. Assim, determinados carmas ruins, que talvez não tenham sido criados em determinada vida, podem ter sido criados em outra. Também não é necessário ter acumulado os carmas ruins em uma ocasião e em um lugar. Diferentes seres em diferentes ocasiões e lugares podem ter acumulado a mesma quantidade de carma. Então nascem em uma ocasião e em um lugar. O sofrimento pelo qual passam é o resultado do efeito cármico comum.

Hoje, estamos aqui nesse dia lindo, desfrutando juntos em um lugar e ao mesmo tempo. Mas o carma que nos proporcionou essa oportunidade pode ter sido acumulado por nós em diferentes locais. Todavia, o resultado é que todos nós estamos experimentando esse momento e esse lugar juntos. Não é necessário que, por vivermos essa mesma experiência agora, tenhamos criado juntos a causa desse momento específico em um lugar.

✪

Você deve praticar a bondade e seguir os ensinamentos. Ao mesmo tempo, se você sempre pratica tolerância, compaixão, às vezes algumas pessoas podem se aproveitar de você. Em tais ocasiões, sem perder sua calma interior, sua compaixão interna, você pode tomar uma medida de alguma natureza, para evitar que alguém se aproveite de você. É algo prático. Você deve evitar o extremo, também, de se aproveitarem de você. É preciso evitar os dois extremos o tempo todo. Se você fica faminto demais, é a mesma coisa – se você se empanturra, é igual também.

Dentro de cada nação, o direito inalienável do indivíduo à felicidade deve ser reconhecido e, entre diferentes nações, deve haver igual preocupação pelo bem-estar até mesmo da menor nação. Não estou sugerindo que um sistema seja melhor que outro e que todos devam adotá-lo. Pelo contrário, uma variedade de sistemas políticos e ideologias é desejável para enriquecer a comunidade humana, contanto que todas as pessoas sejam livres para desenvolver seu próprio sistema político e socioeconômico, baseadas na autodeterminação. Se às pessoas dos países pobres é negada a felicidade que desejam e merecem, elas naturalmente ficarão insatisfeitas e vão causar problemas para os ricos. Se modelos sociais, políticos e culturais indesejados continuarem a ser impostos sobre uma nação por outra, é duvidoso que se chegue à paz mundial.

Os problemas mais difíceis do mundo, em grande parte, emanam das sociedades mais desenvolvidas, brotam da ênfase excessiva nas recompensas do progresso material, o que colocou em risco os aspectos de nossa herança comum, que, no passado, inspirou os seres humanos a serem honestos, altruístas e espiritualmente maduros. Para mim, está claro que apenas o desenvolvimento material não pode substituir os velhos valores espirituais ou humanitários, responsáveis pelo progresso da civilização mundial como a conhecemos hoje. Creio que devemos tentar atingir um equilíbrio entre crescimento material e espiritual. Ouvi dos ocidentais muitas queixas sobre o progresso material; esse progresso, todavia, tem sido o orgulho do mundo ocidental. Não vejo nada de errado no progresso material em si, contanto que o homem tenha precedência sobre suas criações. Embora o conhecimento materialista tenha contribuído enormemente para o bem-estar humano, não é capaz de criar felicidade duradoura. Nos Estados Unidos, onde o desenvolvimento tecnológico talvez seja mais avançado do que em qualquer outro país, ainda existe uma grande quantidade de sofrimento mental. Isso porque o conhecimento materialista pode proporcionar apenas o tipo de felicidade que depende de condições físicas; não proporciona a felicidade que brota do desenvolvimento interior, independente de fatores externos.

❁

Deveria haver um equilíbrio entre progresso material e espiritual, um equilíbrio alcançado por meio dos princípios baseados no amor e na compaixão. Amor e compaixão são a essência de todas as religiões.

Todas as religiões podem aprender umas com as outras; a meta última de todas as religiões é produzir seres humanos melhores. Seres humanos melhores seriam mais tolerantes, mais compassivos e menos egoístas.

❁

Se toda a sua energia e todo o seu pensamento estão concentrados em riqueza, em coisas materiais (toda essa riqueza pertence a *esta* vida), existe um benefício máximo de cem anos. Depois disso não há nada.

❁

"Vazio" significa existência não inerente, destituída de eu, ausência de qualquer existência inerente. É como o zero: se você olhar, zero é zero, nada. Mas é alguma coisa: sem o zero, não podemos fazer dez ou cem. De modo semelhante, a vacuidade é vacuidade, mas, ao mesmo tempo, é a base de *tudo*. Em outras palavras, não podemos encontrar *coisa* nenhuma. Vamos encontrar apenas vacuidade. Quanto à sua natureza, as coisas não existem conforme aparecem. Uma vez que exista algo, um objeto, podemos investigar, pois significa que há alguma coisa. Mas sua própria natureza é vazia de existência inerente; a natureza do objeto é vacuidade. Assim, por causa da vacuidade, ele aparece e desaparece. O ser vivo nasce e desaparece; o sofrimento vem e vai; a felicidade vem e vai. Todas essas coisas, todas essas mudanças, aparecendo e desaparecendo, são possíveis *por causa* da vacuidade, por causa da natureza de existência não inerente. Se o sofrimento – o sofrimento e, igualmente, a bem-aventurança – fosse independente, não poderia mudar. Se não dependesse de causas ou fatores, não poderia mudar. Como existe a realidade da vacuidade, é possível ocorrer a transformação dos objetos vazios. E a própria mudança e a transformação dos objetos, em si, são uma indicação ou um sinal, um sinal da realidade da vacuidade.

Não se está dizendo que, para gerar uma consciência que realiza a vacuidade, consciência essa surgida por se ouvir ou pensar, seja necessário primeiro se engajar no treinamento da estabilização meditativa. O que se está dizendo é que, para gerar uma consciência surgida da meditação e que realiza a vacuidade, é preciso primeiro se engajar no treinamento da estabilização meditativa.

Para superar as distrações internas da mente, é necessário primeiro superar as distrações do corpo e fala por meio da ética adequada. Portanto, o treinamento em ética é estabelecido primeiro. Mas as séries de níveis são estabelecidas em suas séries de práticas. Essa é a explicação sobre como evitar os dois extremos em relação aos três treinamentos.

Vocês, novos budistas da sociedade ocidental, também precisam evitar os dois extremos. Um desses extremos seria o isolamento completo do estilo de vida comum e também da sociedade. É melhor permanecer em sociedade e levar um estilo de vida comum. Essa é a minha crença.

E o outro extremo seria ficar completamente absorto na vida mundana, ficar tão envolvido em ganhar dinheiro a ponto de se tornar, em parte, uma máquina. Assim, vocês têm que evitar esses dois extremos.

Minha religião, portanto, é a bondade. Se você pratica a bondade enquanto vive, não importa que seja culto ou inculto, que acredite na próxima vida ou não, que acredite em Deus ou em Buda ou em alguma outra religião, na vida cotidiana você tem que ser uma pessoa bondosa. Com essa motivação, não importa que você seja profissional da saúde, advogado, político, administrador, operário ou engenheiro. Qualquer que seja sua profissão ou campo de atuação, você executa seu trabalho como um profissional. Enquanto isso, no fundo, você é uma pessoa bondosa. Isso é algo útil na vida cotidiana.

Do meu ponto de vista, todas as coisas originam-se primeiro na mente. Coisas e acontecimentos dependem fortemente da motivação. Um senso real de valorização da humanidade, da compaixão e do amor é o ponto-chave. Se desenvolvemos um bom coração, seja no campo da ciência, da agricultura ou da política, uma vez que a motivação é tão importante, todos esses campos vão melhorar. Um bom coração é importante e eficiente na vida cotidiana. Se, em uma família pequena, mesmo que sem filhos, seus membros possuem um coração caloroso uns para com os outros, será criada uma atmosfera pacífica.

Um homem em Lhasa, no Tibete, ergue uma fotografia do Dalai Lama sobre sua cabeça como forma de se abençoar. O presente mais precioso para um tibetano é receber uma fotografia do Dalai Lama.

(À esquerda) As montanhas dos Himalaias.

Entretanto, se uma das pessoas sente raiva, no mesmo instante a atmosfera da casa fica tensa. A despeito da comida boa ou de um belo aparelho de televisão, você perderá a paz e a calma. Assim, as coisas dependem mais da mente do que da matéria.

Poderíamos perguntar: como os diferentes níveis da consciência ou mente que apreendem os objetos vêm a existir? Diferentes níveis de consciência estabelecidos estão relacionados aos diferentes níveis de sutileza da energia interna que ativa e move a consciência na direção de um determinado objeto. Assim, o nível de sutileza e a força em mover a consciência para um objeto determinam e estabelecem os diferentes níveis de consciência. É muito importante refletir sobre o relacionamento entre a consciência interna e as substâncias materiais externas. Muitas filosofias orientais, e o budismo em particular, falam de quatro elementos: terra, água, fogo e ar, ou de cinco elementos, com a adição do espaço. Os quatro primeiros elementos – terra, água, fogo e ar – são sustentados pelo elemento do espaço, que os permite existir e funcionar. O espaço ou "éter" serve, pois, de base para o funcionamento de todos os outros elementos.

Esses cinco elementos podem ser divididos em dois tipos: cinco elementos externos e cinco elementos internos, e existe uma relação definida entre os elementos externos e internos. Quanto ao elemento espaço ou "éter", de acordo com alguns textos budistas, como o *Tantra de Kalachakra*, o espaço não é apenas um vazio total, destituído de absolutamente qualquer coisa, mas é referido em termos de "partículas vazias". Essas partículas vazias, então, servem de base para a evolução e a dissolução dos outros quatro elementos. Eles são gerados do espaço e, por fim, absorvidos de volta nele. O processo de dissolução desenvolve-se na seguinte ordem: terra, água, fogo e ar; e o processo de geração, nessa ordem: ar, fogo, água e terra. Esses quatro elementos são mais bem entendidos em termos de solidez (terra), líquidos (água), calor (fogo) e energia (ar). Os quatro elementos são gerados do nível sutil para o grosseiro, da base de partículas vazias, e se dissolvem do nível grosseiro para o sutil nas partículas vazias. O espaço, ou partícula vazia, é a base de todo o processo.

O modelo do "Big Bang" do princípio do universo talvez tenha algo em comum com a partícula vazia. Além disso, a partícula mais sutil, ínfima, descrita na física moderna parece similar à partícula vazia. Tais paralelos apresentam algo sobre o qual acredito que valeria a pena refletir.

Do ponto de vista espiritual do budismo, o estado de nossa mente, seja disciplinado ou indisciplinado, produz o que é conhecido como carma, o que é aceito em muitas filosofias orientais. O carma, significando ação, possui uma influência específica sobre os elementos internos, que, por sua vez, afetam os elementos externos. Isso também é um ponto para investigação adicional.

Outra área do budismo tibetano que pode ser de interesse dos cientistas é a relação entre os elementos físicos e os nervos e a consciência, em especial a relação entre os elementos do cérebro e a consciência. Aqui estão envolvidas as alterações na consciência, estados mentais felizes ou infelizes etc., o tipo de efeito que eles têm sobre os elementos dentro do cérebro e o consequente efeito sobre o corpo. Algumas doenças físicas melhoram ou pioram conforme o estado mental. No que se refere a esse tipo de relação entre corpo e mente, o budismo definitivamente pode dar uma contribuição à ciência moderna.

O budismo também explica, com grande precisão, os diferentes níveis de sutileza dentro da consciência em si. Eles estão

Sua Eminência Ganden Tri Rinpoche, chefe da escola budista tibetana Gelugpa, realizando cerimônia em um altar no museu de Newark.

(À direita) Monge tibetano na Índia.

descritos com muita clareza nos tantras, e a pesquisa sobre isso, em minha opinião, produziria resultados muito benéficos. A consciência é classificada, do ponto de vista de seu nível de sutileza, em três níveis: o estado desperto ou nível grosseiro de consciência; a consciência do estado de sonho, que é mais sutil; e a consciência durante o sono profundo, sem sonhos, que é ainda mais sutil.

De modo semelhante, os três estágios, nascimento, morte e estado intermediário, também são estabelecidos em termos da sutileza de seus níveis de consciência. Durante o processo da morte, a pessoa experimenta a consciência mais profunda, sutil; a consciência torna-se mais grosseira depois da morte, no estado intermediário; e, progressivamente, mais grosseira durante o processo de nascimento. Com base na continuidade do fluxo de consciência, é estabelecida a existência do renascimento e da reencarnação. Existe hoje uma série de casos bem documentados de indivíduos que lembram claramente de suas vidas passadas, e parece que valeria muito a pena investigar esses fenômenos, com o intuito de expandir o conhecimento humano.

✪

Os seres humanos são de natureza tal que deveriam ter não só facilidades materiais, mas também sustento espiritual. Sem sustento espiritual, é difícil conseguir e manter a paz mental.

✪

Para manter a sabedoria, é necessário ter força interior. Sem desenvolvimento interior, às vezes podemos não conservar a autoconfiança e a coragem. Se perdemos essas coisas, a vida fica difícil. O impossível pode ser possível com força de vontade.

✪

Para aumentar sua compaixão, visualize-se primeiro como uma pessoa neutra. A seguir, à sua direita, visualize seu velho eu como uma pessoa que está buscando apenas o bem-estar próprio, que não pensa em absoluto nas outras pessoas, que tiraria vantagem de qualquer um sempre que surgisse uma chance, e que nunca está contente. Visualize seu velho eu à direita.

Então, do outro lado de seu eu neutro, visualize um grupo de pessoas que estão realmente sofrendo e precisam de alguma ajuda. Aí pense: todos os humanos têm o desejo natural de ser feliz e evitar o sofrimento; todos os humanos têm igual direito de ser feliz e se livrar do sofrimento. Agora pense – de modo sábio, não egoísta – e, mesmo que haja algum egoísmo ali, pense de um jeito egoísta amplo, não de uma forma egoísta tacanha: todo mundo quer felicidade; ninguém quer loucura ou quer esse tipo de pessoa egoísta e descontente.

Desse modo, você vê que, se quer ser uma boa pessoa, uma pessoa mais sensata, mais lógica, então você não quer ser como essa pessoa egoísta e de mentalidade tacanha à direita. Você não quer se juntar a essa pessoa sozinha, egoísta, gananciosa e descontente da direita. É quase como traçar uma divisória entre a pessoa egoísta sozinha e o grupo: você quer juntar-se ao grupo.

Quando você pratica essa técnica de visualização, o lado da maioria naturalmente conquista seu coração. Ao se aproximar do lado da maioria, você se afasta em igual distância do egoísmo. Como o mediador disso é você, seu senso de altruísmo vai aumentar cada vez mais. Se você praticar dessa maneira todos os dias, será algo útil.

Se usamos nosso cérebro para algo de pouca importância é muito triste. Se passamos nosso tempo preocupados apenas com os assuntos desta vida até o momento da morte, isso é muito triste e ineficiente. Precisamos concluir que isso é completamente perverso.

Sua Santidade conversando com uma criança em uma reunião de alunos.

(Ao lado) Richard Gere com a cunhada de Sua Santidade, Kunyang Norbu (à esquerda), e a irmã de Sua Santidade, Jetsun Pema (à direita), diante da stupa tibetana consagrada por Sua Santidade o Dalai Lama em 1987, em Bloomington, Indiana. A stupa, construída pelo mestre Thubten Jigme Norbu, irmão mais velho do Dalai Lama, é uma homenagem aos 1,2 milhão de tibetanos que perderam a vida pela liberdade do Tibete.

Quando pensamos dessa maneira, a ênfase apenas nesta vida torna-se cada vez mais fraca. Dizem que deveríamos renunciar a esta vida, o que não significa, em absoluto, que deveríamos passar fome ou não cuidar desta vida, mas, sim, que deveríamos reduzir o apego aos assuntos que se limitam a esta vida. Quando reduzimos a ênfase nas aparências desta vida e as aparências das vidas futuras vêm à mente, é necessário investigar. Porque, no futuro, mesmo que se conquiste uma boa vida, haverá uma vida depois da outra, e mais outra e outra.

Se você doma sua mente, a felicidade vem. Se você não doma sua mente, não tem jeito de ser feliz. É necessário consertar a mente. É por meio do aparecimento das emoções aflitivas em sua mente que você é arrastado para uma variedade de más ações e tudo o mais. Mas, se essas emoções aflitivas, que aparecem na vastidão da natureza da mente, puderem ser extintas, então, de volta na natureza da mente, as emoções aflitivas, as ações e todo o resto que é construído com base nelas vão cessar. Conforme disse Milarepa: "Como nuvens que aparecem no espaço e desaparecem de volta no espaço".

Se sua mente for dominada pela raiva, você perderá a melhor parte do seu cérebro: a sabedoria, a capacidade de decidir entre o que é certo e o que é errado. A raiva é o problema mais grave enfrentado pelo mundo hoje.

Todas as grandes religiões são basicamente iguais em termos de enfatizar a paz mental e a bondade; mas é muito importante praticar isso na vida cotidiana, não apenas em uma igreja ou templo.

Não existe sentido em ficar apegado apenas a esta vida, porque, não importa por quanto tempo você viva neste tipo de vida de hoje – no máximo por volta de cem anos –, você vai morrer. Por outro lado, não se sabe quando você vai morrer. Mas não importa quanta riqueza e recursos você tenha nesta vida, pois não vão ajudar nessa hora.

Se você for muito rico, até mesmo milionário ou bilionário, no dia de sua morte não vai importar quanto dinheiro você tem no banco, pois não poderá levar nem um pouquinho consigo. A morte de uma pessoa rica e a morte de um animal selvagem são iguais.

✹

A mente de iluminação é o desejo de iluminação, iluminação completa e perfeita, para o bem dos outros. Para cultivar em detalhe essa mente altruística de iluminação, que possui as duas intenções – de ajudar os outros e de atingir a própria iluminação a fim de fazer isso –, existem duas correntes de transmissão de instrução. Uma é de Asanga, as *Instruções séptuplas de causa e efeito*, e a outra é *Trocando o eu e o outro*, transmitida de Nagarjuna para Shantideva, sendo Shantideva quem a explicou em grande detalhe.

Engajando-se nas ações do Bodhisattva, de Shantideva, é realmente excelente para isso. Nagarjuna também estabelece um caminho breve e fundamental em sua *Guirlanda preciosa*. Use a *Guirlanda preciosa* como texto-raiz, e use Shantideva como explicação para ele. Para aqueles que querem gerar a mente altruísta de iluminação, esses dois são realmente necessários.

✹

Na meditação, deve-se cultivar uma atitude de equanimidade, e então, meditar sobre todos os seres sencientes como sendo mães, pais, irmãos e irmãs. Uma vez que se gere essa atitude de equanimidade pelos três seres, tendo superado o desejo e o ódio, é preciso remover o fator de negligência que pode estar presente quando as pessoas são vistas com igualdade, o que pode ser feito de duas diferentes

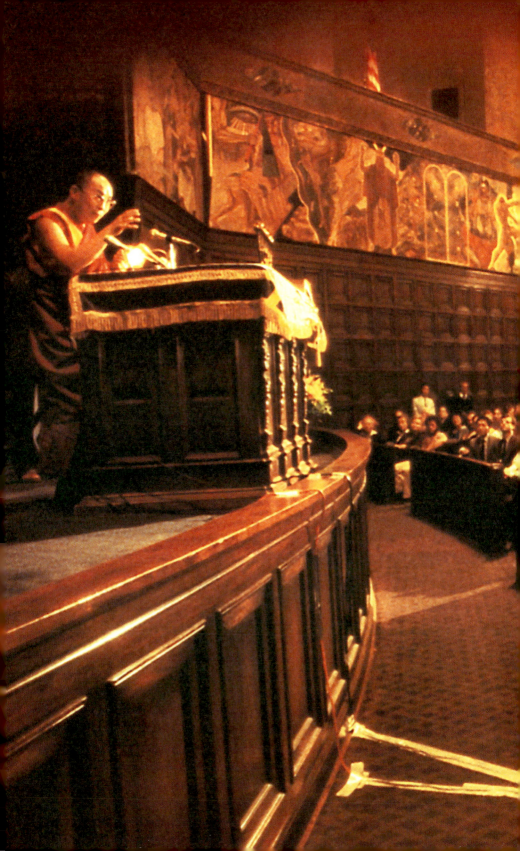

O Dalai Lama falando em um culto inter-religioso no Wilshire Boulevard Temple de Los Angeles.

Sua Santidade recebendo os anciãos hopi Earl Pela, Thomas Banyacya e David Monongye (da esquerda para a direita) em Los Angeles, Califórnia, em 1979.

maneiras: uma é gerar um senso de altruísmo, desejando ajudar os seres porque eles querem felicidade e não querem sofrimento, e outra é refletir sobre a bondade desses seres para conosco. Por se refletir sobre como esses seres nos ajudaram, tendo sido pai, mãe e assim por diante ao longo do *continuum* de vidas, e pela percepção de que seria inadequado negar-lhes a ajuda apropriada, é que se consegue treinar a atitude de desejar ajudar e desejar felicidade para os seres sencientes.

Quando nos acostumamos com esses tipos de pensamento, a mente pode ser gradativamente treinada. Alguém extremamente egoísta, mas que começa a cultivar esses hábitos, vai se tornar cada vez menos egoísta. Portanto, é assim que se gera o senso de altruísmo em relação aos outros.

Se, em todas as situações, não importa o que a mente esteja fazendo, em um recanto da mente ainda se está buscando intensamente o bem-estar dos seres sencientes e buscando a iluminação para o bem deles, então foi gerada uma mente altruísta de iluminação plenamente qualificada. Esses tipos de realização não são daqueles que, quando gerados, o mundo inteiro se volta para eles. A disposição muda devagar, gradualmente.

Se você cultivar isso lenta e constantemente por um período de tempo, depois que cinco, dez anos tiverem se passado, quando considerar seu estilo de vida, sua forma de pensar e tudo o mais, como eram antes e como são agora, você poderá ver a diferença.

A liberação não pode ser buscada do lado de fora por meio de alguma outra coisa – como uma outra pessoa oferecendo para você. Quando se atingiu a liberação por meio da remoção de todas as emoções aflitivas, não importa o tipo de condições externas com que se depare, não será gerada mais nenhuma emoção aflitiva. Não se acumulará qualquer carma novo outra vez. O ciclo cessou.

Portanto, atingir ou não a liberação depende da remoção ou da não remoção das emoções aflitivas, das quais a principal é a ignorância. O processo de liberação depende da remoção das emoções aflitivas, e isso depende da sabedoria. A sabedoria, por sua vez, depende da intenção de sair em definitivo da existência cíclica. Para começar, é muito importante desenvolver a intenção de deixar a existência cíclica.

Na esfera das relações internacionais... é especialmente necessário um maior senso de responsabilidade ou de responsabilidade compartilhada. Hoje, quando o mundo se torna cada vez mais interdependente, os perigos do comportamento irresponsável aumentaram dramaticamente. Nos tempos antigos, os problemas eram na maioria de âmbito familiar e resolvidos em família. A menos que percebamos que agora fazemos parte de uma grande família humana, não podemos esperar produzir paz e felicidade. Os problemas de uma nação não podem mais ser resolvidos por ela porque muita coisa depende da cooperação de outros Estados. Portanto, não só é moralmente errado, como também imprudente em termos pragmáticos, tanto indivíduos quanto nações buscarem sua própria felicidade alheios às aspirações dos outros ao seu redor. A conduta sábia deveria sem dúvida basear-se na busca de um acordo com base no autointeresse mútuo.

Se você chega ao ponto em que um recanto de sua mente está continuamente envolvido com o desejo de atingir a iluminação mais elevada para o bem dos seres sencientes, então é o momento de associar a mente altruísta de iluminação ao verdadeiro rito de geração da mente – o rito para desejar gerar a mente de iluminação.

Tendo feito isso, é preciso treinar nas causas que impedem a deterioração da aspiração da mente nessa vida e em vidas posteriores. Não é suficiente apenas gerar a aspiração. É preciso gerar a verdadeira mente de iluminação, a verdadeira intenção de se tornar iluminado para o bem dos outros. A intenção apenas não basta. É preciso treinar para entender que é necessário se engajar nas práticas para ocasionar a iluminação plena, sendo essas as práticas das seis perfeições (generosidade, ética, paciência, esforço, concentração e sabedoria) ou das dez perfeições.

Assim, tendo treinado no desejo de gerar a verdadeira mente de iluminação, é necessário tomar os votos de Bodhisattva. Se, tendo tomado os votos de Bodhisattva, a prática das ações de Bodhisattva vai bem, então é possível entrar na prática do Tantra ou Mantra.

O motivo para o Buda ter, de maneira pública, deixado todas as comodidades de sua casa e se tornar monge, entrando em retiro, meditando e assim por diante, foi indicar para nós, seus seguidores, o que deveríamos fazer. Se o Buda teve que dar muito duro para atingir a realização, seria deveras impossível que conseguíssemos alcançar a mesma realização sem nenhum esforço.

Uma coisa é explicar o Dharma por palavras, mas é bem difícil colocá-lo em prática. Entretanto, se você não coloca o Dharma em prática, não há jeito de um bom fruto amadurecer apenas pela explicação. Se a causa é apenas uma explicação de boca, o efeito seria apenas uma explicação de boca, e isso não ajudaria muito, não é? Quando estamos com fome, o que precisamos é de comida de verdade. Não vai adiantar alguém dizer: "Oh, a comida francesa é muito saborosa, a comida inglesa é muito saborosa", e por aí afora. Com o tempo você vai ficar farto dessa pessoa por ela só falar essas coisas, e haverá o perigo de você ficar com raiva. Quando indico o caminho da liberação, você precisa colocá-lo em prática. Shantideva diz: "Assim como no caso de um remédio, não basta apenas tocá-lo; é necessário ingerir o remédio".

Visando gerar o pensamento de sair da existência cíclica, é necessário conhecer as boas qualidades da liberação e os defeitos da existência cíclica da qual se quer sair. Entretanto, o que é existência cíclica? Conforme diz Dharmakirti, ela pode ser postulada como o fardo dos agregados mentais e físicos assumidos por causa da ação contaminada. Portanto, a existência cíclica não se refere a algum tipo de país ou região. Quando você olha para ela, a existência cíclica pode ser identificada como o fardo desses agregados mentais e físicos que assumimos por meio de nossas ações contaminadas e emoções aflitivas.

Uma vez que tenhamos esses agregados contaminados, eles servem de base para o sofrimento no presente. Como estão sob a influência de ações contaminadas e emoções aflitivas prévias, não estão sob o nosso poder.

O fato de não estarem sob o nosso poder significa que, embora queiramos felicidade e não queiramos sofrer, somos assediados por muito sofrimento. Isso porque temos esse tipo de mente e corpo que está sob a influência de ações contaminadas e aflições prévias. E esses agregados mentais e físicos contaminados também induzem ao sofrimento no futuro.

Toda religião do mundo possui ideais de amor semelhantes, a mesma meta, de beneficiar a humanidade por meio da prática espiritual, e o mesmo efeito, de fazer de seus seguidores seres humanos melhores. A meta comum de todos os preceitos morais formulados pelos grandes mestres da humanidade é o altruísmo. Todas as religiões concordam quanto à necessidade de controlar a mente indisciplinada, que nutre egoísmo e outras raízes de problemas. E, cada uma do seu jeito, ensina um caminho que leva a um estado espiritual pacífico, disciplinado, ético e sábio, ajudando os seres vivos a evitar a desgraça e obter felicidade. É por esses motivos que sempre acreditei que todas as religiões, em essência, possuem a mesma mensagem. Portanto, existe uma grande necessidade de se promover melhor entendimento inter-religioso, levando ao desenvolvimento de respeito recíproco pela fé uns dos outros. Também acredito, por motivos óbvios, que a religião tem muito a oferecer para se alcançar a paz.

Falamos muito sobre paz. Mas só existe chance de haver paz quando a atmosfera é conveniente. Devemos criar essa atmosfera. Para fazê-lo, devemos adotar a atitude correta. Basicamente, portanto, a paz deve vir primeiro de dentro de nós. E por que deveríamos nos esforçar pela paz? Pelo simples motivo de que a paz é de benefício para nós em longo prazo, e por isso nós a desejamos.

CONVERSAS COM DALAI LAMA

As perguntas e respostas a seguir foram compiladas de numerosas palestras públicas e privadas do Dalai Lama, seminários acadêmicos, encontros particulares e conferências de imprensa.

✧　✧　✧

P: *O que o senhor acha do budismo que está sendo praticado nos Estados Unidos?*

R: O importante é captar a essência. No budismo tibetano existe uma grande variedade de práticas e muitos métodos diferentes para se praticar. Todos são benéficos. Ao mesmo tempo, enquanto se pega a essência, pode haver algumas formas tradicionais de prática que teriam que passar por mudança para se ajustarem ao novo ambiente ou estrutura social. No passado, quando uma religião ia de seu país nativo para uma nova terra, a essência era levada junto. Depois, na nova terra, ela se desenvolvia e se ajustava às novas circunstâncias. Algo semelhante deveria acontecer com o budismo tibetano. E penso que é responsabilidade de vocês.

P: *O senhor acha que o Ocidente pode aprender com os tibetanos?*

R: Acho que sim.

P: *O senhor foi treinado como monge desde criança. As crianças norte-americanas deveriam ser treinadas em um sistema religioso desde tenra idade ou deveríamos esperar até mais tarde?*

R: Existem duas formas de se entrar no budismo: uma é pela fé e outra é pelo raciocínio. No momento atual – neste século, nesta terra, neste período –, só fé pode não ser suficiente para um budista. Assim, o raciocínio é muito importante. Por causa disso, seria melhor ser treinado mais tarde. Contudo, faria diferença se a criança tivesse influência dentro da família desde bem pequena.

P: *A criação ocidental enfoca primeiro o indivíduo. Enfocamos chegar lá muito rápido, subir muito alto. O senhor pode nos oferecer uma lição simples sobre responsabilidade social?*

R: Acho que você precisa explicar a estrutura básica da comunidade humana, da espécie humana... Precisa ensinar a ideia de que, como ser humano, você necessita de algum senso de responsabilidade pelos outros. Isso pode ser apresentado às crianças? Ensinem as crianças a mostrar bondade para com os insetos. Está na hora dos mais velhos ouvirem a voz das crianças. Veja: na mente da criança não existe demarcação de diferentes nações; nenhuma demarcação de um sistema social ou ideologia diferentes. As crianças sabem, em sua mente, que todas as crianças são iguais, todos os seres humanos são iguais. Assim, desse ponto de vista, suas mentes são mais imparciais. Então, quando as pessoas ficam mais velhas começam a dizer: "Nossa nação, nossa religião, nosso sistema". Quando se desenvolve a demarcação de "nós" e "eles", as pessoas não se incomodam com o que acontece aos outros, exceto "nós" ou "eu". É mais fácil introduzir responsabilidade social a uma criança do que a um adulto. É uma ideia nobre. É muito importante introduzir essas ideias boas não como questão religiosa, mas simplesmente como uma questão de felicidade pessoal futura, de sucesso futuro. Você pode pegar um exemplo dos livros de história: as pessoas que usaram de crueldade excessiva, egoísmo excessivo e são autocentradas podem obter fama e determinadas coisas sobre uma base temporária. Mas ninguém tem muito respeito por gente como Hitler ou

Stalin. Em dado momento podem tornar-se muito poderosos, mas isso vem da crueldade ou da agressão. Essa fama não é a fama boa, e ninguém mostra respeito profundo por isso. Em outros casos, a fama de pessoas como Abraham Lincoln ou Mahatma Gandhi provém de um lado diferente, de um aspecto diferente. As pessoas respeitam suas obras.

Assim sendo, introduza as crianças à importância, ao valor e aos benefícios do pensamento positivo, da bondade e do perdão.

Amor paterno, contato físico afetivo, cordialidade amorosa por todos os seres vivos, responsabilidade social e atenção especial ao menos privilegiados – são conceitos que conhecemos. Não são difíceis de entender, mas sua prática com frequência é esquecida. Nesses tempos de ênfase na vida doméstica, na família, no bem-estar pessoal e na ajuda aos sem-teto, essas são ideias que todos nós podemos demonstrar. Para o bem de nossas crianças, vamos nos lembrar de ensinar para elas a bondade.

P: *O senhor acha que o budismo tibetano praticado nos Estados Unidos é autêntico?*

R: Depende em grande parte das pessoas que estão ensinando, daqueles que estão tratando do ensino.

P: *Existem alguns que são mais autênticos que outros?*

R: Vou responder dando uma explicação sobre o budismo. Em geral, no budismo se diz: não confie na pessoa, confie na doutrina. De modo semelhante, se a pessoa é digna e confiável ou não, depende do que ela esteja dizendo. Não se deve confiar apenas na fama da pessoa. Portanto, alguém que vai praticar o budismo deve analisar muito bem. Se, tendo analisado, verifica que é benéfico e seguro,

Sua Santidade no Centro Budista Green Gulch, na Califórnia.

(À esquerda) Monge budista executando uma dança ritual.

então é adequado engajar-se naquela prática. É dito que, mesmo que demore doze anos para se engajar na prática, isso é apropriado. Essa é a nossa atitude geral. Não posso dizer nada específico sobre pessoas. De modo geral, muita gente está a serviço do ensino budista, e isso é bom. Ao mesmo tempo, é importante ter cautela. No passado, em nosso país e também na China, na Mongólia e na Rússia, os mosteiros budistas originalmente eram centros de ensino. Era muito bom. Em alguns casos, por causa da influência social, os mosteiros tornaram-se mais uma espécie de centro de negócios e de ganhar dinheiro do que centros religiosos. De modo que devemos tomar cuidado no futuro. Além disso, acolhemos as críticas construtivas de nossos amigos. Isso é muito importante. Não acreditar apenas em louvor excessivo – a crítica é muito necessária.

P: *Existe uma forte sensação no Ocidente de que, para uma coisa ser boa, deve ter algum conceito de permanência. As religiões que têm origem na Índia não são assim, e acho que esse é o problema básico que o Ocidente tem em entender essas outras maneiras de pensar.*

R: O propósito da religião não é discutir. Se olharmos para elas, podemos encontrar muitas diferenças. Não há sentido em falar sobre isso. Buda, Jesus Cristo e todos os outros grandes mestres criaram suas próprias ideias, ensinamentos, com motivação sincera, amor e bondade em relação à humanidade, e os compartilharam para o benefício da humanidade. Não creio que esses grandes mestres tenham elaborado essas diferenças para causar mais problema.

Eu faço distinções para trazer paz à sua mente, não para criticar nem para discutir ou competir. Os budistas não podem fazer a população do mundo inteiro virar budista. É impossível. Os cristãos não podem converter toda a humanidade ao cristianismo. E os hindus não podem governar toda a humanidade. Ao longo de muitos séculos, no passado, se você olhar de modo imparcial, cada fé, cada grande ensinamento prestou grandes serviços à humanidade. Assim, é muito melhor fazer amigos, entender um ao outro e fazer um esforço para servir à humanidade do que criticar ou discutir. Essa é a minha crença.

Além do mais, se eu disser que todas as religiões e filosofias são iguais, seria hipócrita, pois não é verdadeiro. Existem diferenças. Acredito que haja 100% de possibilidade de se alcançar a paz, ajudar lado a lado e servir à humanidade. Igualmente, não temos a responsabilidade nem o direito de nos impormos aos não crentes. O importante é que um não crente ou um crente são seres humanos da mesma maneira; devemos ter muito respeito uns pelos outros.

P: *É possível haver harmonia mundial?*

R: Quer possamos ou não alcançar a harmonia mundial, não temos alternativa a não ser trabalhar para esse objetivo. É a melhor alternativa que temos.

P: *Quanto à visão da unidade mundial, existe em sua tradição alguma previsão de tal evento vir a ocorrer e existe algum registro de que tenha acontecido no passado?*

R: Não.

P: *Os indivíduos quase nunca dizem ser a favor da guerra, mas fazem guerra. Por quê?*

R: Basicamente, por ignorância. Existem muitos estados mentais diferentes. É necessário raciocínio quando a mente é emotiva e os pensamentos de raiva, ódio e apego são fortes. Nesse caso é inútil raciocinar. Quando esses sentimentos são a atmosfera geral, quase sempre há tragédia.

(À esquerda) Monges de Namgyal cuidadosamente colocam grãos de areia coloridos em uma mandala tibetana de Kalachakra.
Kalachakra é uma cerimônia ritual budista tradicional dedicada à paz e ao equilíbrio físico, tanto dos indivíduos quanto do mundo.
A mandala de Kalachakra é criada para o uso nessa cerimônia; depois a areia é varrida.

(Acima) A mandala de Kalachakra completa.

P: *O senhor acha que um dia retornará para um Tibete livre?*

R: Com certeza.

P: *Como?*

R: Isso o tempo vai dizer. Só posso dizer que as coisas mudam e que já existe comunicação.

P: *O que o senhor gostaria que os norte-americanos fizessem a respeito da presença chinesa no Tibete?*

R: Estamos lutando por nossa felicidade, por nossos direitos. Afinal, nós, tibetanos, somos seres humanos. Temos o direito de viver como uma fraternidade humana, temos o direito de obter nossa felicidade. Nesse país, as pessoas sempre valorizam a importância da liberdade, a importância da independência, que nós também queremos.

P: *Como o senhor sugere que nós, como pessoas espirituais, possamos exercer uma influência espiritual, em termos práticos, sobre assuntos políticos?*

R: É uma pergunta difícil. A atmosfera não é saudável. Todo mundo fala em paz, mas, quando as coisas se relacionam a interesses pessoais, ninguém se importa em fazer guerra, matar, roubar etc. A realidade é essa. Sob tais circunstâncias, você tem que ser moderado e prático. Precisamos de uma política de longo alcance. Acredito profundamente que, talvez, possamos encontrar algum novo tipo de sistema educacional para a geração mais jovem, com ênfase no amor, paz, fraternidade etc. Um ou dois países não podem fazer isso; deve ser um movimento mundial. Assim, em termos práticos, nós, que acreditamos no pensamento moral, devemos viver nosso estilo de vida como algo verdadeiro, algo sensato, e torná-lo um exemplo, uma demonstração para os outros, do valor da religião, do valor da espiritualidade. Podemos praticar isso; essa é a nossa responsabilidade. Antes de ensinar os outros, antes de mudarmos os outros, nós mesmos devemos mudar. Devemos ser honestos, sinceros, caridosos. Isso é muito importante. Isso não se aplica apenas à sua pergunta. Isso é a responsabilidade de toda a humanidade.

P: *Onde se situa o budismo na reforma social?*

R: Uma das filosofias budistas básicas é a teoria da interdependência. No budismo, muitos tipos de bem e mal, de benefício e dano são determinados em relação à situação real de uma época específica. Portanto, em relação a muitos tópicos é difícil dizer que apenas uma maneira específica seja a correta. Com isso, tem que haver muitas mudanças.

P: *Quem é o indivíduo responsável pela responsabilidade moral ou por quais motivos a buscamos?*

R: O motivo pelo qual buscamos nos comportar de uma boa maneira é o fato de que do bom comportamento se originam bons frutos. Assim, o motivo básico é porque se quer felicidade e não se quer sofrimento e, com base nisso, as boas ações são feitas e as más ações, evitadas. A bondade e a maldade das ações são determinadas com base na bondade e na maldade de seus frutos. Portanto, isso envolve a doutrina budista do carma e os efeitos da ação. É semelhante também no hinduísmo.

P: *A intenção de uma ação é importante?*

R: Sim, com certeza. Motivação é o mais importante, é o ponto--chave. Fazemos diferenças de carma, por exemplo, quando não existe a motivação, mas se pratica uma ação, ou, embora exista a motivação, não se pratica a ação – ou ambas, ou nenhuma.

Monge de Namgyal fazendo os preparativos para uma iniciação diante da thanka (pintura religiosa em tecido) de Kalachakra.

Sua Santidade concedendo a iniciação de Kalachakra em Madison, Wisconsin, em 1981. Diz-se que o Buda ofereceu os ensinamentos e as bênçãos para essa iniciação pela primeira vez no sul da Índia, há 2,5 mil anos.

P: *Há um colapso nas instituições – na religião e na família. Como o senhor acha que podemos reverter essa tendência?*

R: Por meio da ética moral, da consideração, da paciência, de mais e mais tolerância uns com os outros e, é claro, da compaixão. Em primeiro lugar, antes de duas pessoas se casarem, deveriam decidir este passo com cuidado e não resolverem essa união de um jeito apressado, movidas pela paixão. E desenvolver, gradualmente, o sentimento correto pela vida e pelo ambiente familiar. Acho que isso é extremamente importante. Quando vejo uma criança cujos pais são divorciados, lamento muito, pois acho que isso afeta a criança pelo resto de sua vida.

P: *Qual a responsabilidade dos budistas ao lidar com pessoas que causam sofrimento?*

R: Têm que tentar fazer isso cessar.

P: *A diferença entre o "eu" empírico e o "eu" real é comum a todas as religiões?*

R: Existem diferenças a respeito disso dentro das escolas budistas. Existem posições diferentes apresentadas a respeito do que seja o "eu". Oito interpretações diferentes! Todos aceitam que existe o simples "eu" e que este aparece àqueles cuja mente tenha sido ou não afetada por sistemas; e, se alguém nega que exista tal "eu" ou individualidade, isso contradiz a percepção direta. Como o budismo afirma a ausência de eu, quando não se entende o que é a palavra "eu" ou o que a ausência de eu significa, existe o perigo de se pensar que não existe "eu" ou individualidade de forma alguma. Se não se aceita um "eu" ou individualidade de maneira nenhuma, isso se enquadra no extremo do niilismo.

P: *O senhor parece um homem muito esperançoso. No passado, tivemos grandes tragédias, como o holocausto, as tragédias de nações totalitárias, as tragédias nos Estados Unidos contra os nativos norte--americanos, todavia o senhor tem esperanças. Qual é a base de sua esperança?*

R: A esperança é a base da esperança. Quer dizer, não há garantia, mas é melhor ter esperança e tentar. Na verdade, nosso modo de vida humana baseia-se na esperança. A esperança de longo prazo é de que a verdade triunfe. Historicamente, tivemos todas essas lutas ruins, mas a tragédia nunca dura para sempre; mais cedo ou mais tarde ela cessa, diminui.

P: *Sua Santidade, seu exílio do Tibete provocou mudanças na filosofia tibetana?*

R: Na filosofia? Não creio. A filosofia budista baseia-se na razão. A filosofia é o ponto principal de meu país. A essência do Dharma não mudará. Enquanto a realidade permanecer a mesma, a filosofia será a mesma. Enquanto os humanos enfrentarem o sofrimento, permanecerá o Dharma, que trata não só dos seres humanos, mas de todos os seres sencientes nessa situação.

P: *Em nível nacional, o altruísmo corre o risco de ser sacrificado? Como o senhor pratica altruísmo com um vizinho que tenta destruí-lo?*

R: É uma pergunta difícil. Desse ponto de vista, nossa segunda geração, a dos refugiados, é o maior problema. Veja: seria melhor esquecer que continuar a nutrir raiva, mas é muito complicado, porque não sabemos onde vamos estar no futuro. Assim, não há alternativa a não ser pensar que temos que fazer alguma coisa pelo aumento da bondade. Temos que pensar e trabalhar para fazer um mundo novo.

Na verdade, em nossa vida não dá para saber se estaremos vivos amanhã, mas tratamos de nossas atividades habituais na esperança de que sobreviveremos amanhã. Embora não dê para saber o que o futuro trará, deve-se fazer alguma coisa ou tentar fazer alguma coisa. Essa é a coisa certa.

P: *Sua Santidade, pode explicar como seu sucessor poderia ser escolhido, dadas as mudanças na situação do Tibete em relação à forma como o senhor foi escolhido, conforme esclareceu? E pode comentar como poderiam ser feitas quaisquer mudanças no método da sucessão?*

R: Não me preocupo muito com isso. Se o povo tibetano achar necessário escolher um novo Dalai Lama, tudo bem, será escolhido um Dalai Lama. Se as pessoas não acharem necessário, não acharem que o melhor é fazer isso, então não existirá Dalai Lama. Mas isso não é minha responsabilidade. Espero durar algum tempo. Mas escolher outro Dalai Lama é responsabilidade da próxima geração.

P: *O senhor falou sobre as noções de bondade e altruísmo, bem como de sofrimento e felicidade, basicamente do ponto de vista de uma única pessoa. Mas como grupos como nações obtêm bondade, altruísmo e felicidade? Qual é o passo do indivíduo para o grupo? Como se pode criar um grupo altruísta?*

R: Os grupos são compostos de indivíduos. Nossa atmosfera e ambiente hoje estão muito tensos, não muito pacíficos. Em nossa atmosfera atual, as coisas são decididas pelo dinheiro e pelo poder. Isso não está certo. A atmosfera atual deve-se ao nosso modo de pensar. Então, para mudá-la, primeiro temos que, como indivíduos, tomar a iniciativa de tentar desenvolver determinadas qualidades humanas boas. Em primeiro lugar, precisamos fazer uma demonstração do que é uma boa atitude e um bom modo de comportamento, cada pessoa por si; então, gradualmente, com o passar do tempo, formar grupos que tenham essa atitude. Agora, com essa educação, como a utilizamos? Se uma pessoa realmente tem altruísmo, à medida que adquire conhecimento sobre os vários sofrimentos, essa pessoa consegue utilizá-lo para ajudar os outros.

P: *Sua Santidade, o senhor poderia nos apresentar um breve esboço de como chegou à missão espiritual de sua vida?*

R: Parece que sinto que minha missão seja, onde quer que eu esteja, expressar minha sensação sobre a importância da bondade e do verdadeiro senso de fraternidade. Sempre sinto isso, e pratico isso. Expresso essas coisas para a comunidade tibetana e aconselho sobre a importância da bondade e a necessidade de se desenvolver menos apego, mais tolerância, mais contentamento. Essas coisas são muito úteis e muito importantes. Em geral, aonde quer que eu vá, nos Estados Unidos, na Europa, na Mongólia, sublinho a importância da bondade, e me parece que as pessoas em geral concordam com meus sentimentos. Então, sinto que elas também nutrem minha visão.

De qualquer modo, de minha parte, estou tentando enaltecer a real fraternidade humana. Penso que a harmonia humana é baseada em um verdadeiro senso de fraternidade. Como budista, não importa se somos crentes ou não crentes, educados ou incultos, orientais ou ocidentais, nortistas ou sulistas, visto que somos seres humanos iguais, com o mesmo tipo de carne e o mesmo tipo de características. Todo mundo quer felicidade e não quer tristeza, e temos todo o direito de ser feliz.

Às vezes nós, humanos, colocamos importância excessiva em questões secundárias, tais como diferenças de sistemas políticos, ou de sistemas econômicos, ou de raça. Parece haver muitas discriminações por causa dessas diferenças. Mas, em comparação, o bem-estar humano não se baseia nessas coisas. Por isso, sempre tento entender os verdadeiros valores humanos. Supõe-se que todas as diferentes filosofias ou sistemas religiosos sirvam à felicidade humana. Mas alguma coisa está errada quando há ênfase excessiva nessas questões secundárias, nessas diferenças dos sistemas que se supõe sirvam para a felicidade humana. Não é muito bom quando se perde os valores humanos por causa dessas coisas.

Assim, em poucas palavras, parece que minha missão é a propagação da verdadeira bondade, da bondade e da compaixão genuínas. Eu mesmo pratico essas coisas. E isso me traz mais felicidade, mais sucesso. Se eu praticar a raiva, o ciúme ou a amargura, estou certo de que passarei uma impressão errada. Mais tristeza. Sem dúvida, meu sorriso desapareceria, se eu praticasse mais raiva. Se pratico mais sinceridade ou bondade, isso me dá mais prazer.

P: *O senhor acredita que exista uma visão de religião que irá unificar a humanidade em todo o mundo?*

R: Acho que é útil haver muitas religiões diferentes, uma vez que nossa mente sempre gosta de diferentes abordagens para diferentes disposições. É como ocorre com a comida. Há algumas pessoas que preferem pão, outras que preferem arroz, e as que preferem farinha. Cada um tem gostos diferentes, e cada um come alimentos de acordo com seu gosto pessoal. Alguns comem arroz, outros comem farinha, mas não há desavença. Ninguém diz: "Oh, você está comendo arroz". Do mesmo modo existe variedade mental. Assim, para algumas pessoas, a religião cristã é mais proveitosa, mais aplicável. É uma crença básica. Algumas pessoas dizem: "Existe um Deus, existe um Criador, e tudo depende dos atos dEle, de modo que você deveria ficar impressionado com o Criador". Veja: se esse tipo de coisa lhe dá mais segurança, mais fé, você poderá preferir essa abordagem. Para essas pessoas, esta filosofia é a melhor. Já outras pessoas dizem que nossa crença budista, de que não existe um criador e, por isso, tudo depende de você, deveria impressioná-lo – que isto seria até mesmo preferível. Veja, se você é o seu senhor, então tudo depende de você. Para algumas pessoas, esse jeito de ver é preferível, muito mais adequado.

Assim, do meu ponto de vista, é melhor ter variedade, ter muitas religiões.

Agora, se essas palavras são úteis para você, coloque-as em prática. Mas, se você sente que elas não te auxiliam, não há necessidade delas.